Dumm Die Dumm

Klaus Jörg Ruff

Der Zauber der Dummheit

Ein ostdeutsches Essay

Besser Sie lesen es nicht, denn es geht Sie eigentlich nichts an.

Ich jedoch spüre den Nasenring, an dem die Welt, die in mein Leben drang, mich unaufhörlich zieht. Manchmal erstaunt mich die Routine, mit der unsere Kommandeure Freude empfinden, lächeln, anscheinend Spaß haben, anderen Leuten mitzuteilen, was sie tun und lassen sollen, Befehle erteilen und ihre Macht genießen.

Doch stellte ich es mir recht schwierig vor, so ein Amt auszuüben, bis ich mir die Frage stellte was das alles mit Intelligenz zu tun hat. In diesen politischen Ämtern unterliegt der Mensch einem ständigen Wandel. Was heute richtig ist, ist morgen falsch. Was ich vor der Wahl verspreche, werde ich später ignorieren müssen. Von heute auf morgen dringt eine vorteilhafte Erfindung auf den Markt, die bisheriges verwirft, da ihr ökonomischer Vorteil im Moment von Belang sein könnte.

Das Angebot an Geld, die Motivation zur Macht und die bedingungslose Gehorsamkeit, lassen Intelligenz schnell in den Hintergrund rücken. Einflussreiche Wirtschaftseinheiten fordern heute dies und morgen das. Sie bringen die Studie und auch die Lösung gleich mit.

Der Investor, die konstruktive Studie, der Freibrief der Ethikkommission, die Amerikaner und das Ziel welches alle

Mittel heiligt. Denken? Der einfachste Weg Intelligenz und ihre Hindernisse auszuschließen sind Werte. Definitionen als Rahmenbedingungen für operative Entscheidungen. Geheime Absprachen und Ziele, das Spielen mit Kontinentalplatten zum Zwecke der Veräußerung, lassen alles zu, außer Instinkt, Takt, Mitgefühl, Sensibilität, Barmherzigkeit, also alles außer Intelligenz. Wissen kann man kaufen. Titel auch.

Zweifelsohne ist ein gewisser Grad an Dummheit erforderlich, um Verantwortung von sich weisen zu können, obwohl man leichtfertig, im Krieg um Marktanteile, entgleiste, vielleicht sogar von Glücksgefühlen übermannt, Macht demonstrierte, endlich Härte zeigen und sich für das nächste Level empfehlen konnte. Macht über andere lindert die Schmerzen der eigenen Dummheit.

Ist die Teilmenge Haben = Sein größer als die Teilmenge Tun = Sein, dann nimmt die Denkleistung ab. Passen Sie obendrein ins momentane Schönheitsideal oder sind Verfechter einer Schnapsidee schaltet sich das Gehirn komplett ab. Es läuft halt wie von selbst. Sie müssen nicht denken.

Der Rechner, das Handy, alles empfohlen, gefördert und verpflichtend, als angewandte Dummheit, statt angewandter Algebra. Man schaut für uns voraus! Was Hänschen nicht lernt, lernt Hans nimmermehr. Wir erleben es und leiden. Die akademische Welt und das Bildungsbürgertum verderben unsere Kinder. Wir sprechen bereits von „Digitaler Verdummung". Warum? Wechseln wir von interessengeleiteter Menschlichkeit in ein wertebasiertes Punktesystem? Diese sogenannte Transformation dient wirtschaftlichen Interessen. Eine Generation nach der anderen wird auf die Kommunikation mit einem digitalen Gedanken-Leitsystem sozialisiert. Empathie schwindet im Nebel einer unstillbaren Sucht. Menschen, vor allem Kinder und Jugendliche, brauchen ein menschliches Gegenüber. Wahnvorstellungen, inadäquate und verflachte Affekte stehen einer menschlichen Intelligenz gegenüber.

Unsere Tagesabläufe werden kaum noch von Menschlichkeit, von Instinkten, unseren Sinnen, dem Wissen und den Erfahrungen beeinflusst. Gefangen in anerzogenen, vom Geld gerahmten Algorithmen, nahezu eingepfercht zwischen Löhnen und Sozialleistungen, funktionieren wir. Wir funktionieren. Wir haben uns an das Vortäuschen falscher Tatsachen, vom Discounter bis zur politischen Agenda, gewöhnt. Pandemie ist immer. Getrieben, jagen die Menschen dem Geld und dessen Verwendung nach. Nichts hat Bestand. Partner, Häuser, Geld… Der Zauber der Geldvermehrung schränkt unser Belohnungssystem ein. Wir verlieren die Fähigkeit zur Nächstenliebe. Unser vergleichendes Gehirn sitzt in der Falle.

Die Künstliche Intelligenz gewinnt die Oberhand über unser Belohnungssystem und verändert die Spezies Mensch grundlegend. Unsere Scheinwelt expandiert in galaktische Dimensionen. Schizophrenie, als Störung des Denkens bis hin zum Verlust des Realitätsbezuges sind die vernichtenden Folgen. Abgehärtet, werden wir nur wenig auf bewegende Ereignisse reagieren. Nur der Schmerz kann uns zum Leben erwecken.

Werden wir ferngesteuert?

Mein Nachbar sagt: „Putin spinnt! Putin kotzt mich an!" Auszustehen hat er nichts. Es geht ihm finanziell gut, das Alter zwickt etwas, aber Putin kotzt ihn trotzdem an.

Er verschwendet keinen Gedanken an unsere Matrix, in der wir leben. Längst sind wir Werkzeuge des Hegemon, unselbständig und verängstig. Wir spekulieren auf die Vorherrschaft der USA. Wir glauben, obwohl wir viel zu oft eines Besseren belehrt wurden. Der Hegemon verlässt sich auf unsere Loyalität, er verlässt sich auf unsere Dummheit.

Zur Wachstumsgesellschaft gehört Ausdehnung des Herrschaftsgebietes. So erreicht man eine höhere Schuldentragfähigkeit, neben Bilanzfälschungen und Zuwanderung auch durch Landnahme und die Übernahme der Bodenschätze sowie des Personals, das da rumlungert und auf seine Ausbeutung wartet. Das ist amerikanische Politik und wir gehören zum Team. Immer wenn die Amerikaner, Engländer, Franzosen das Völkerrecht brechen sind wir mit von der Party. Mal mehr mal weniger. Obama, Sie kennen ihn alle, verkündete, mangels Intelligenz und aus seinem dauerbeleuchteten und immer temperierten All inklusive Palast heraus, dass wir ohne Schulden nicht leben können und das Kriege zu unserem Leben gehören.

Dieser Lobbyist des militärisch-industriellen Komplexes kürte die Geschäftsführerin unseres Landes zur mächtigsten Frau der Welt, zur Führerin Europas, mit dem Ziel den alten Kontinent zu beherrschen.

Alternativ, zu Obamas Weitsicht, hätten wir das Ende der Wachstumsgesellschaft, den Rückbau der kreditbelasteten Infrastruktur, die Insolvenz und Bankenpleiten zu bieten. Wir sollten dankbar sein.

Vielleicht wird man hierzulande bald einsichtiger, und angesichts der Menschenmassen, die auf den Arbeitsmarkt strömen, weniger nach Lohnerhöhung fragen und zufrieden sein, dass man überhaupt einer bezahlten Tätigkeit nachgehen kann. Irgendwie muss es doch möglich sein, dass sich Großkonzerne hier wieder wohl fühlen.

Wir können nicht investieren und dann kommt eine andere Regierung oder wer da noch so einen Furz lässt und das Geld ist futsch. Also kommt das Gebiet nach Landnahme in die EU und selbstverständlich in die NATO. Hinter den Zaun sozusagen, um es allgemeinverständlich zu formulieren. Konkurrenz braucht Grenzen. Das ist amerikanische Politik.

Was treibt uns? Es ist unser System, das ist es was uns treibt und natürlich treibt es auch unsere Konkurrenten. Die Führer dieser Welt stecken nicht alle unter einer Decke wie landauf landab vermutet wird!

Nein, sie haben nur das gleiche Laster. Sie müssen die Systemfrage stellen! Aber wollen wir das? Es ist doch alles gerade so hübsch. He, jetzt zeigt meine Uhr sogar mal wieder die Zeit an. Ah, ein Anruf...Es funktioniert. Ich funktioniere.

Sie erinnern sich vielleicht? Merkel rief einst den Fiskalstaat aus. Und, ob Sie es wahrhaben wollen oder nicht, in diesem Fiskalstaat besteht ihre Freiheit nur noch in der Wahl des Preises! Alles andere geht Sie nichts an.

Steigen Ihre Kosten sind Sie dagegen und natürlich auch gegen den Verursacher. Sie wollen es wissen, schalten ein und schon sind Sie informiert. Ihr Informant ist kein Geringerer als der konstruktive, der Globalisierung ergebener Qualitäts- Journalismus.

„Putins Krieg, Angriffskrieg, Putins Krieg, Angriffskrieg"..."
„Putins Krieg, Angriffskrieg, Putins Krieg, Angriffskrieg"..."
„Putins Krieg, Angriffskrieg, Putins Krieg, Angriffskrieg"..."

Wiederholen Sie es bitte, mehrmals hintereinander und Sie können spüren, wie es funktioniert. Massenpsychose nennt man so etwas. Sie können es beliebig anwenden. Interessieren Sie sich nicht für Politik, probieren Sie: Angebot, Butter, Kaffee, Angebot, Butter, Kaffee, Angebot, Butter, Kaffee…

In unserer Ein-Klick-Gesellschaft, sind die meisten Menschen, zumindest wenn es um unsere Gesellschaft geht, Bildschirm-Gebildet. Sie verwerten das gesehene und gehörte so, als wählten sie aus einer Speisekarte. Das Gebotene ist der Ausgangspunkt für das folgende Denken und Tun.

ALEXA früh beim Zähneputzen mit dem Neuesten! „Putins Krieg, Angriffskrieg, Putins Krieg, Angriffskrieg"..."

Das ist das Angebot. Wir sind so frei und lassen unser Denkorgan für uns arbeiten. An und für sich genommen gesund, fast schon eine Therapie, aber schlussendlich doch dumm.

Was wir sehen oder hören, sind „Experten", glaubhaft promotet und auf die Zielgruppe ausgerichtet, umrahmt von künstlicher Intelligenz, bewegten Bildern oder Geräuschen.

Die „Einnahme" der Dosis erfolgt vorgekaut und vorverdaut. Die Servicepauschale trägt den Namen GEZ (Rundfunk - und Fernsehgebühr).

Nur nebenbei. Das betrifft natürlich auch unser sogenanntes Bildungsbürgertum. Putzen auch Zähne. Kurz vor dem schlafen noch die Tagesschau, für die Schlauen der Deutschlandfunk, nur damit man ein bisschen durchsieht. Der ist es gewesen! Okay. Das wollt' ich heut' noch wissen. Gute Nacht.

Deutschland hat ein Geldproblem. Es ist zu viel Geld da, heißt es da, obwohl die Schulden und Verbindlichkeiten zunehmend unser friedliches Leben bedrohen. Bildlich gesprochen lesen wir die bereits begrenzte Speisekarte ohne die Preise. Unsere Demokratie zeichnet sich dadurch aus, dass wir nicht wissen was uns droht. In einer Kneipe würden wir uns das verbitten, wir wollen schon wissen, was das kostet, aber auf Leben und Tod geht's uns nichts an.

Der eine oder andere fragt schon danach, wer das bezahlen soll. Machen können Sie natürlich nichts. Gott vertrauen ist angesagt, obwohl das in diesem Zusammenhang nun wirklich nicht angebracht ist.

So werden z.B. 100 Milliarden „Sondervermögen" für die Bundeswehr, so mir nichts dir nichts, als Vermögen und nicht als zusätzliche Schulden gesehen, obwohl sie es sind. Übrigens ist das nicht das einzige Sondervermögen! Da gibt es ein Sammelsurium.

Die Finanz - Propaganda des Kanzlers erfüllt nicht unbedingt den Tatbestand der Volksverhetzung, obwohl das eine Frage der Definition wäre, aber alle mal der Volksverblödung. Er ist nicht der erste, der ohne Lügen nicht auskommt, wenn das Wasser im Hintern kocht.

Die Merkel Regierung, mit abwechselnden untertänigsten Partnern, schuf die Rahmenbedingungen. Aus Interessen wurden Werte. Die Parteien übernahmen den Staat, ohne gesetzliche Garantien für die Menschen und unterstellten Deutschland amerikanischen Interessen. Aus einem Rechtsstaat, welcher die Freiheit des einzelnen schützt, wurde eine Diktatur, eine wertebasierende Ordnung mit Verhaltenskodex.

Unter dem Beifall der Teilnehmer der Münchner Sicherheitskonferenz, am 19. Februar 2022, also wenige Tage vor Kriegsbeginn, forderte Selenskyj die atomare Aufrüstung der Ukraine. Das bedeutete nicht nur die Aufnahme der Ukraine in die Nato, sondern deren atomare Bewaffnung. Eine Kriegserklärung, innerhalb eines nunmehr 30jährigen Krieges, die ihresgleichen sucht!

Es gibt zwei Möglichkeiten. Erstens, sie wussten nicht, was das auslöst, dann sind sie dumm. Oder Zweitens, sie wussten was das auslöst und das wieder sehr viele Menschen sterben werden, dann sind sie ebenso dumm. Ich glaube nicht, dass ein muskulöser, alle unterwerfender Schläger auf einem Schulhof jemals das Prädikat intelligent erhalten hätte.

Und so steht, intelligenterweise in unserem deutschen Grundgesetz: „Art 26. (1) Handlungen, die geeignet sind und in der Absicht vorgenommen werden, das friedliche Zusammenleben der Völker zu stören, insbesondere die Führung eines Angriffskrieges vorzubereiten, sind verfassungswidrig. Sie sind unter Strafe zu stellen."

Würde Sie es stören, wenn in einer Entfernung von 4 Minuten Flugzeit Atomraketen aufgestellt würden. Würden Sie, aus dem Schlaf gerissen, behaupten, dass dies ein Angriff auf ihr Leben wäre. Natürlich. Uns stört bereits das Windrad vor der Nase und der Luftverdichter des Nachbarn bringt uns um den Schlaf. Das ist Terror.

Nahezu das ganze -, einst der Verfassung unterliegende Parlament, warf den Fehdehandschuh den Russen vor die Füße. Russland liegt auf der eurasischen Kontinentalplatte! Es gehört zu Europa so, wie Europa zu Eurasien gehört. Wir sind weder geografisch oder historisch noch besitzrechtlich amerikanische Erb- oder Vorlande.

Ich erinnere an den ersten großen Vertrag Europas, der mit der LEX Burgundionum (480 – 523), von uns Nordmannen mit Rom geschlossen wurde und den Frieden brachte. Es entwickelte sich ein großer europäischer Markt als Voraussetzung wirtschaftlicher Entwicklung. Das war Intelligenz!

Die Merkel Regierung unterwarf Deutschland sowie große Teile Europas den Vereinigten Staaten von Amerika und versetzte Europas Selbstbestimmungsrecht, nach den verheerenden Verlusten zweier Weltkriege und der folgenden Teilung durch die Siegermächte, einen schweren Schlag! Fortan konnten die Neocons, die Missgeburten aus linkem Idealismus und rechten Realitätssinn, nach Belieben schalten und walten, das heißt diktatorisch am Parlament vorbei, bis hin zur Anwendung übelster Methoden regieren.

Mit der diktatorischen Entscheidung zur Grenzöffnung unternahm die ungeduldige, nahezu besessene Merkel den Versuch amerikanische Verhältnisse zu schaffen und zerstörte auch die deutsche Normalität mit all ihren Vorzügen. Genaugenommen war es ein Putsch und damit Hochverrat. Es war eine gewaltsame Zerstörung der Bundesrepublik Deutschland. Die Fahne wurde heruntergerissen. Das Friedensgebot Makulatur. Unsere weltweit geschätzte Kultur, die Vorzüge unserer entwickelten Sprache, unsere Freiheit so zu leben, wie wir wollen… alles verramscht. Überrumpelt Familie und Heimat. Intelligent ist, wenn man weiß, was man tut. Nun, es wird ein jeder schon im Nachhinein einen Fehler bereut haben. Aber dieser Akt war dummfrech und diente nicht dem deutschen Volk.

Die Blaupause der Unterwerfung fand in der Europäischen Kommission ihre Anwendung und gipfelte in aggressiven Ansagen, „die Ungarn aushungern" zu wollen. Wenn das nicht faschistisch ist, was dann.

Wir spüren die Übergriffigkeit des Staates nur dann, wenn es nicht läuft wie geschmiert. Es liegt eben nicht daran, dass die früher so waren wie wir heute sind (H. M. Broders). Nein, es liegt an dieser Art Freiheit und dem Schindluder was damit betrieben wird. Es ist eine Systemfrage!

Barbarossa, Napoleon, Hitler, selbst die Siegermächte des Zweiten Weltkrieges mit ihrer Vertreibung, die Bodenreformen und Verstaatlichungen in Ost und in West, hatten bereits die Geldwirtschaft gestärkt, also umverteilt, enteignet, „bereinigt", vertrieben und getötet. Unsere Familie war bei all den Genannten direkt von Enteignung betroffen.

Kriege umrahmten die Änderung der Besitzverhältnisse zu Gunsten des Fiskus, egal in welcher Form, auch des Kirchenstaates, um zügellose Schulden loszuwerden. Millionen Menschen bezahlten es dummerweise mit ihrem Leben.

Hatten Ostdeutsche etwas bekommen als die DDR eingemeindet und eingehegt wurde? Nein. Sie durften etwas, was sie vorher nicht konnten.

Sie hatten alles, bis auf das, was sie nicht hatten. Jetzt haben sie, bis auf einen ideellen Wert, bald gar nichts mehr.

Was denken Sie wer das bezahlt hat? Das Grundstück Ostdeutschland ist längst verpfändet und im Übrigen die Flurstücke auf dem Balkan und der Ukraine auch, um in der Nähe zu bleiben.

Der Expansionsdruck ist sehr groß und so war die sogenannte Corona - Pandemie, ein finanztechnisches Erfordernis, was die Welt für einen kurzen Zeitraum am Laufen hielt. Innerhalb der bereits geschaffenen Rahmenbedingungen und der Testläufe war es ein Kinderspiel.

Die akademische Welt neigt dazu dumme Dinge zu tun, wenn sie unter Druck gerät und die Luft dünner wird, zumal ihr grundlegende Zusammenhänge abhandengekommen sind.

Es eskaliert, wenn Fachidioten denken müssen. Der Ablauf der Pandemie bewies den Mangel an vorausschauendem Denken, den Mangel an Intelligenz. Um allem Logischen aus dem Wege zu gehen, wurde die Aktion von Merkel unter militärische Führung gestellt. Zu dumm dass das Militär davon überhaupt keine Ahnung hatte und sichtbar dumm dastand.

Das Ausrufen der „Neuen Normalität", also etwas Unnormalen, wurde als Normalität bildschirmgebildet eingebucht. Zu dumm.

„Neue Normalität", „Neue Normalität", … „Maske, Maske, Maske". Normal. Normal. Normal! Normal. Normal. Normal!

„Virus, Abstand, Tod, PCR-Test" „Virus, Abstand, Tod, PCR-Test", „Normal. Normal. Normal!

Während Befürworter und Gegner der Corona-Impfung sich fragten, warum die ganze Welt da mitmachte, stellte die Menschheit überwiegend keine Verbindung zum Zusammenbruch des Finanzsystems 2019/ 2020 und, es sei an dieser Stelle bereits erwähnt, zum Öl, zum Gas und zum Krieg her.

Die Gemeinsamkeit war der Bedarf an Geld. Geld, welches auf Grund einer angeblich nicht vom Menschen verursachten, natürlichen Katastrophe und deshalb am Recht vorbei, bereitgestellt werden konnte, obwohl eine weltweite Wirtschafts-und Finanzkrise die Ursache war und anhaltend ist! Die Notkredite an über hundert Staaten weltweit striffen die Nachrichten nahezu unbemerkt. Das Virus kam zur rechten Zeit.

Nicht wenige wuchsen im Geldregen über sich hinaus, spürten die Macht der Münzen, die sie in den Geldadel erhob. „Das kalte Herz" ließ grüßen. Denk' ich an meinen Dorfarzt fang' ich an zu zittern. Das Vertrauen ist im Arsch. Gehen wir nicht mehr hin, drehen die Kassen ins Plus. Klar.

Die Schuldenbremse soll verhindern das Investoren, also Versicherungen, Banken e.c. vom Glauben an die Zahlungsfähigkeit des Staates abfallen. Sie sollen Politikern blind vertrauen was von hause aus schon dumm ist, da deren Erkenntnis ihr Schaden sein kann. Sie alle gemeinsam drehen einfach spekulativ an den Immobilienwerten und der Eigentümer denkt er wäre reich. Hatten Sie einen Kredit von 100 Tausend für einen Gegenwert von 200 Tausend bekommen, so könnten Sie nun bei einem Immobilienwert von 500 Tausend, nicht nur mehr Erbschaftssteuern zahlen, sondern für die gleiche Höhle noch einmal locker 100 Tausend an Schulden aufnehmen, wenn Sie eine Idee zur Vermarktung hätten. Vielleicht denken Sie an eine neue Heizung? Der Staat hat Ideen und macht es. Er verpfändet den Flecken Erde auf dem Sie wohnen. Im schlimmsten Fall sitzt der Gläubiger im Ausland und er holt es sich mit Waffengewalt! Nachtigall ick hör dir trapsen. Die Anglisierung schreitet voran. Mit dem deutschen Fußball gehts bergab und amerikanische Sportarten machen sich auf unseren Bildschirmen breit. Wir werden weichgekocht.

März 2020, Ölkrieg, „Schwarzer Montag" am 09. März 2020//Ukraine zieht die größte Armee Europas im Donbass zusammen, gewaltiges Nato-Manöver Defender 20/ Landung der Alliierten, Drohung Putins: russische Atomraketen auf europäische Hauptstädte, das Virus? He, was, wie, wer… nie gehört… was soll's die Karte war gespielt und Putin griff nicht an.

Quälen Sie sich nicht. Sie müssen nicht alles wissen. Belasten Sie sich nicht mit Weltkriegsszenarien. Fernsehen beruhigt. Denken Sie an Corona. Denken Sie an grüne Energie.

Bezeichnenderweise forderte Merkel schnelle Coronahilfen in Höhe von hunderten Milliarden, nachdem mediale Bomben in Ischgl und anderswo eingeschlagen hatten. Die Verfassung war wieder einmal gebrochen. Dass sie nebenbei noch Gewinne gemacht und die Ausgaben reduziert haben ist sekundär. Die Mauer der verfassungsgemäßen Bürgerrechte wurde durchbrochen, die Transformation beschleunigt und der Pharmaindustrie wurde geschmeichelt vielleicht doch in Deutschland zu bleiben.

„Kehren Sie heim, beenden Sie ihren Urlaub, das nächste Mal holen wir Sie nicht heim". „Kehren Sie heim, beenden Sie ihren Urlaub, das nächste Mal holen wir Sie nicht heim". Klang ungefähr so, wie nach Hitlers Kriegserklärung.

Es war für Ostdeutsche fast wie 1968. Die Grenzen sind zu. Vom Balaton in Ungarn geht es nur noch über Russland und Polen zurück.

In Deutschland bemühte man sich nicht einmal in Schutzanzügen auf Demonstranten einzuschlagen, um nicht angesteckt zu werden. Wasserwerfer spülten die Viren in die Schleusen. Intelligent? Nein. Dumm, dumm und nochmals dumm.

Ein klassisches Theaterstück, wie aus dem Lehrbuch, mit dramaturgischem Scharfsinn, einem Inszenierungskonzept, fast bis in das Detail, mit Toten versteht sich, glaubhaft und über die Medien mit wenigen Schlagworten publiziert.

„Tödliches Virus, Tödliches Virus, Tödliches Virus!"

Der dramaturgische Hammer und seine mediale Verbreitung waren der Garant für die volle Entfaltung dieses Stückes.

Diese „Normalität" erlaubte keinen Grundrechtseingriff, welcher auch in Krisenzeiten „zu unterlassen" ist, so steht es in unserem Grundgesetz. Nur mit der „Gefährdungslage" konnte selbst Art. 1 „die Menschenwürde" von der Ewigkeitsgarantie nach Art. 79 abs. 3 GG abgenabelt werden.

Das ganze Theater nur um die Schuldenbremse auszusetzen, nur um am Ende Billionen im Bündnis, auch zur Kriegsfinanzierung(!) zu drucken und mit dieser Investition selbstverständlich zu enteignen. Sie, wir alle zahlen es doppelt und dreifach, egal ob Sie oder sonst wer im Grundbuch steht. Die Kreditlaufzeiten ins Unendliche gestreckt – nach uns die Sintflut. Darüber echauffierte sich bereits Bundespräsident Wulf und wurde dann wegen einer billigen Plastekarre geschasst, damit niemand merkt mit wem er sich angelegt hatte. So ist es, wenn man für dumm verkauft wird.

Die Aussetzung der Schuldenbremse erhöht die Kriminalität, die Unverfrorenheit und den Zwang kreditwürdige Landstriche zu erobern. Überschuldung erhöht die Kriegsgefahr! Wenn nichts geht, Rüstung geht immer. Wer diese Politiker wählt, wählt den Krieg. Das mit der Dummheit hatten wir bereits geklärt.

Es muss sich um eine höhere Form der Menschlichkeit handeln, die sich mir in meiner Einfältigkeit nicht erschließt, wenn sie uns aus ihren Palästen heraus zurufen den Gürtel enger zu schnallen und uns zu verkleiden. Frankensteinstimmung verbreitete sich, als das Lächeln der Menschen hinter Masken verschwand und eine Bedrohungslage inszeniert wurde.

Wir können für die Geschichtsschreibung festhalten: Es gab keine Pandemie. Die Maßnahmen und ihre brutale Durchsetzung uferten unter Anwendung faschistischer Methoden in Deutschland völlig aus. Was muss dem vorausgegangen sein, dass deutsche Politiker gewissenlos diese faschistische Normalität ausriefen? Was planen sie? Seit Jahrzehnten legen sie ihr Geld zusammen, halbieren, vierteln und achteln Einkommen, packen das Problem nicht an der Wurzel, sondern belasten das Zusammenleben der Völker.

Die sogenannte harte Währung ist nicht einmal den Dreck unter dem Fingernagel wert, wenn wir in die Verlegenheit kämen, diese in eine mathematische Formel einzubinden, in der die Höhe unserer Schulden und Verbindlichkeiten keine Unbekannten sind.

Die brutale Durchsetzung der „Staatsräson" ist es, welche die Menschen in Angst und Schrecken versetzen! Das verhindert demokratischen Widerstand. Ein dummes Wort und ab geht die Post.

Politiker aller Couleur gaukeln uns einen Religionskrieg vor. „Antisemitismus", „Antisemitismus", „Antisemitismus", „Antisemitismus", rieselt es. Die Peitsche wird geschwungen.

Einige sind dumm genug in diese Falle zu gehen und tun den Heuchlern einen großen Gefallen. Wenn die *einen* ihr Land zurück und die *anderen* es behalten wollen geht es nicht um Juden. Was für die einen Terror ist für die anderen ein Befreiungskampf. Die Politik hatte ja wohl jahrzehntelang und das mutwillig versagt und spinnt sich jetzt einen ab. Die Werkzeuge der Politiker sind stumpf geworden. Die Keule geht in Leere. Die Zeit ist abgelaufen.

Grad so, wie man einem Hund einen Knochen vor die Schnauze wirft, rieselten parallel neue Geschlechterdefinitionen und weitere geistige Erektionen in die Hirne der Menschen. Es erstaunt mich wirklich, dass solcher Blödsinn als Freiheit empfunden wird, wo doch selbst der Dümmste weiß, dass er für Freiheit zu doof ist und man ihn in den Hintern treten muss, damit er arbeitet. Ob er sich dabei als Katze fühlt ist vollkommen irrelevant. Allein die Knappheit an Geld, je nachdem, was er so vorhat in seiner Freiheit, treibt den Menschen im Fiskalstaat aus den Federn.

Wirklich „Freie", von der Hausfrau bis zum Unternehmer, sind weitestgehend selbständige Menschen, welche sich selbst organisieren können. Sie sind nicht nur Herr über ihre Einnahmen und Ausgaben, sondern auch über ihr Gehirn. Sie treten sich selbst in den Hintern.

Die Welt geht von Bord und Deutschland springt auf. Die deutsche Führung will die Eingemeindung fruchtbarer, reicher Landstriche und billiger Arbeitskräfte mit aller Gewalt, die Expansion bei Strafe des eigenen Untergangs. Vom Hindukusch bis zum Donbass. Wir verteidigen den „Flugzeugträger Israel" und die Tankstelle Gaza für Amerika! Alternativlos.

Nur nebenbei: Erdogan möchte auf keinen Fall diese amerikanisch – israelische „Tankstelle" Gaza. Er möchte selbst eine Tankstelle sein. Merken Sie es? Nicht unter einer Decke. Das gleiche Laster ist es! Es ist das System!

Die Amerikaner, Israelis und auch wir wollen dass der Gaza-Streifen, als Wurzel allen Übels am besten verschwindet und dieses Volk über die sogenannte Zwei-Staaten-Lösung ein Reservat bekommt, das fernab von Öl und Gas sowie von den strategisch wichtigen Handelswegen, von unserer Entwicklungshilfe, von unseren Krediten abhängig ist.

Biden untermauerte am 18. Oktober 2023: „Ich habe lange gesagt, wenn es Israel nicht gäbe, müssten wir es erfinden". Er unterstützte damit Israel (genau genommen den Licud) das von vielen Experten weltweit als „Lehrbuchfall von Völkermord" bezeichnet wird. (*17. November 2023 Von Prof. Michael Hudson und Ben Norton)*

Der amerikanische Vormarsch in den Persischen Golf, vor die Küsten Irans, sowie die anvisierte Blockade der Ostsee, erhöht die Gefahr eines Weltkrieges. China ließ vermelden, dass es den Iran unterstützen würde, wohl wissend dass die USA mit der angestrebten Kontrolle über das Öl und die Handelswege des Nahen Ostens, einen beträchtlichen Teil der Welt beherrschen würden.

Und genauso wie der Nahe Osten für die USA eine Bedrohung darstellt, genauso stellte und stellt Europa für die USA eine Bedrohung dar. Sich den USA zu unterwerfen ist ein strategischer Fehler. Die USA sind keine Schutzmacht, sie sind eine kriegerische Macht, die auf die Zerstörung ihrer Konkurrenten setzt. Der Hegemon erpresst die Welt. Intelligenz hätte es geboten nationale Interessen zu verteidigen.

Müssen wir wirklich wieder erst dem Tod ins Auge blicken, um dann wieder blöd zu fragen, wie das möglich war?

Alle hundert Jahre heißt es auf nach Osten, Osterweiterung, Ostfront.

„Jungs sagt Bescheid, wenn ihr losmacht. Ich komm' mit", ruft mir ein alter Mann mit Stock zu und grinst.

Der ökonomische Hintergrund, bei nahezu allem, was wir tun, machts möglich. Es ist unsere geistige Reduzierung auf den Preis! Die anerzogene Dummheit trägt Früchte!

Jahrzehntelange Postenhascherei und Fraktionsdiktatur ermöglichten ein nicht mehr zu fassendes Intelligenzdefizit, in Ermangelung von Fantasie und Sensibilität, welche mit ideologischen Programmen der Barmherzigkeit, Solidarität und Toleranz überspielt werden sollen. Dummheit hält sich an keine Regeln und ist schon deshalb nicht die schlechteste Ausgangsposition für eine politische Kariere in „alternativlosen" Zeiten.

Wohin grenzenlose Dummheit führt, können wir an den Wahlergebnissen sehen. Wer hier in Verantwortung gehievt wird, spottet jeder Beschreibung. Der Staat ist entmachtet. Lobbyisten regulieren die Plünderung der Volkswirtschaft. Sale. Alles muss raus.

Jeder, der Teufel des anderen, jeder der Fressfeind des Nächsten. Solange jeder jeden bescheißt, läuft das Ding.

Dummheit vom Allerfeinsten, bis ins Bildungsbürgertum hinein, stützt diese geistige Verarmung, die Verkäufer unserer Seele, die Diebe unserer Freiheit, die Geldschakale ohne Gewissen, die Menschen mit faschistischen Methoden im guten- und im schlechten Zwirn.

Hitlers und auch Churchills, ... gewinnbringende Umsiedlung, ihr Zentralbanktraum, all das ging in Erfüllung, Allein der Osten bleibt uns als Eroberung verwehrt.

In den letzten Jahrzehnten gelang es unter Führung USA vorbeugend (!) Länder in die Steinzeit zu bombardieren und so die Entwicklung aufstrebender Mächte zu unterdrücken. Unter Bill Clinton begann ein neuer „Dreißigjähriger Krieg", aus dem natürlich auch ein hundertjähriger werden kann.

Dass die Vorherrschaft des Westens in der Welt endet, wusste man bereits vor Jahrzehnten. Gorbatschow und Jelzin verleiteten den Westen zu dummer Überheblichkeit und letztendlich zu strategischen Fehlern.

Allein Jelzin hat so viel Schaden in Russland und besonders in der Ukraine angerichtet, das Stalin in den historischen Hintergrund rückte, gar glorifiziert wurde.

Der Befreiungskrieg der russischen Völker, welcher gerade im Bürgerkrieg um den Kiewer Rus tobt, wird Europa verändern. Bereits als Jelzin in den Neunzigern, auch die Ukraine, mit verordneter Marktwirtschaft, im Stile eines großen Diktators, gegen die Wand gefahren hatte, wollten sich die russischen Gebiete abspalten und zurück in territorialen Strukturen der einstigen Sowjetunion.

Steigt ein Vertragspartner aus einem Vertrag aus, ist dieser nichtig. Brechen die USA und wir gleich mit das Völkerrecht, brauchen wir uns auf dieses nicht berufen. Das Völkerrecht wurde missbraucht und ist tot. Die Interessen der russischen Bevölkerung in den umkämpften Gebieten stehen über unseren geostrategischen Interessen.

Ohne die Vorherrschaft der USA sehen wir alt aus. Unsere wertebasierte Ordnung lässt kein Denken mehr zu. Stupide beurteilen wir wichtige Ereignisse bildschirm-gebildet. Mit geschulter Überzeugungskraft, sehr selbstbewusst, wird Ihnen die Welt erklärt. Die Medien entlasten uns nachzudenken, zumal die Komplexität der Dinge uns ohnehin überfordert. Bildschirm-gebildet erfahren wir Sicherheit und finden leicht ein seelisches Gleichgewicht.

Die Macht der Dummheit wächst. Wir haben uns an Dummheit gewöhnt. Das ist unser Problem.

Der Versuch unparteiisch auf die Entwicklung in der Ukraine zu blicken, rückt Sieger und Verlierer in den Blick. Die USA erfreuen sich einer ertragsreichen Rüstungsindustrie, wir natürlich auch und die Ukraine ist ein weitgehend zerstörtes Land, seine Produktion liegt am Boden, das Land ist entvölkert und hochverschuldet. Die Aktien derer, die den Rest der Ukraine unter sich aufteilen wollen, steigen. Die USA sind wieder der große Gewinner dieses Krieges.

„Doch in der realen Welt hat bisher die Dummheit noch immer alle Grenzen gesprengt… So sind zum Beispiel alle großen kriege"…des letzten Jahrhunderts „von der Macht verloren worden, die sie begonnen hat. Und trotzdem hat daraus niemand die Lehre gezogen, keinen weiteren Krieg mehr anzufangen."[1]

Unseren Informanten in der Sache trifft im Grunde genommen keine Schuld. Dem Stümper bleibt die Erkenntnis Sokrates verwehrt, sein Wissen oder die Information zu hinterfragen, auch weil ihm Einschaltquoten und Lob des Arbeitgebers befriedigen. Mit Hilfe Künstlicher Intelligenz ist er auf dem Weg zum Cyborg. Für Geld wird er zum Werkzeug der Einschüchterung und Täuschung.

Derweil schlägt der Rotstift in Deutschland wie eine Bombe ein, nachdem die Sanktionen in Russland wie eine Atombombe eingeschlagen hatten und Russland zahlungsunfähig in die Kriegsvorbereitung ging. Der Drops schien gelutscht.

Und nun? Der Krieg kommt zurück! Nein die Geschichte wiederholt sich nicht. Niemals.

Das Bundesverfassungsgericht zieht die Notbremse und stoppt die Investitionsblase noch bevor sie aufgeblasen ist. Wir canceln mal mir nichts dir nichts 260 Milliarden und lassen die Schuldenbremse weiter(!) Schuldenbremse sein. Wir verstoßen also weiter gegen die Verfassung und verhökern erarbeitetes Eigentum. Auf die Art kommen wir zu noch mehr Geld. Mit Corona hatte es doch auch geklappt. Kaufen Sie jetzt und zahlen Sie später.

Wir sollten dankbar sein, denn anderenfalls würde ein Staatsbankrott den Wert unseres Geld, auch das unterm Kopfkissen, schlagartig vernichten und wir allesamt würden dumm aus der Wäsche gucken.

Kommen jetzt Notstandsgesetze und die totale Kriegswirtschaft oder drehen wir einfach den Gashahn auf und alles ist gut?

Wollen wir auf die USA setzen und weiter deren Hegemonie verteidigen oder sehen wir die Welt pragmatisch aus europäischer Sicht. Vergessen wir nicht, die Russen haben immer Verträge eingehalten. Es gab so etwas wie Vertrautheit.

Oder werden wir als amerikanische Enklave, als rostender Nagel im blutigen Fleisch Eurasiens enden und wieder einmal die Dummen sein? Dresden feierte am 13. Februar 1945 Fasching. Niemand glaubte, dass der Westen die Stadt zerstören würde.

Tote haben kein Eigentum und Nachfahren unter Fremdherrschaft keinen Anspruch. Zerbombtes ist Entwertetes! Sind Sie tot sind auch die Schulden weg. Alle Werte fielen dem Imperium zu! Werfen Sie einen Blick in die Vergangenheit und auf die Konfliktzonen von heute und die These wird zur Wahrheit! Warum sollte der Plan der Enteignung nicht aufgehen? Es funktionierte als die Türken geschlagen wurden, es funktionierte nach dem die Schweden durch waren, es funktionierte nach dem Ersten Weltkrieg, es funktionierte nach dem Zweiten Weltkrieg, es funktionierte nach dem Zusammenbruch der Sowjetunion, es funktionierte nach dem arabischen Frühling, nach dem Maidan, es funktioniert. Es ist ihre Art Schulden zu machen und Eigentum zu übernehmen.

Schauen Sie auf Eigentum und Geld und nicht auf Rasse und Religion! Auch wenn das Migrationsdesaster gesetzeswidrig ist und die Folgen ernst sind, die Einwanderung ist nicht unser größtes Problem.

Die Dummheit ist es! Unsere Art von Freiheit macht dumm. Sie gebärt Hass der schnell in einen Bürgerkrieg münden kann. Rechtsstaatlichkeit und *Work-First vom ersten Tag an hätte verhindert das diese Armeen von jungen Männern ins europäische Kriegsgebiet, in Richtung Ostfront schlendern und gleichzeitig dem Kriegsschauplatz im Nahen Osten entzogen wurden. Stellen Sie sich vor Gaddafi würde noch regieren, das Tor nach Europa wäre noch geschlossen. Sehen Sie es militärisch. Die USA betrachten die Welt nur so.*

Mit Obama, Merkel und anderen wurden Grüne und Linke ins Zentrum der Politik gerückt, um der Expansion des Westens einen revolutionären, ja weltrettenden Anstrich zu verpassen. Sie demontierten die Demokratie und den Parlamentarismus im Kleinen wie im Großen! Eins muss man ihnen lassen, die Linken kriegstauglich zu machen, war ein Meisterstück, was seines Gleichen sucht. Sie für zügellose Schulden zu gewinnen dagegen nicht. Das ist von Haus aus ihr Ding.

Ein verzweifelter ranghoher Rechtsanwalt formulierte mir gegenüber bereits 2021, er würde die Kommunisten wählen, wenn diese Gesetze zum Gesetzesbruch nicht zurückgenommen würden. Ich musste seinerzeit, trotz der brisanten Aussage lachen und das nur weil es in deutschen Parlamenten gar keine Kommunisten gibt. Allenfalls Scharlatane die, hinundhergerissen zwischen toten Israelis und toten Arabern, zwischen toten Russen und toten Halbrussen, Polen, Ungarn, Griechen, Weißrussen, Turkvölkern und vielen anderen mehr, eingehegt in ukrainischer Staatsbürgerschaft, Kriege begrüßen oder verteufeln, so wie es auf dem Bildschirm vorgeben wurde. Tut mir Leid, aber da ist kein wirklicher Mann oder Frau dabei. Alleinunterhalter und Schönwetterpolitiker sind im Krieg überflüssig. Sie waren dabei, als Dummheit in Recht gegossen wurde! Sie waren dabei, als die Verfassung gebrochen wurde, obwohl das die Verfassung selbst für Notsituationen nicht erlaubt! Sie haben mitgemacht!

Übrigens sind das nicht die einzigen, die für eine Entschuldigung zu feig sind und nun Aufarbeitungsregeln aufstellen müssen.

Der nun propagierte Sparkurs soll die Ausgaben verringern und die Verbindlichkeiten auf lange Sicht reduzieren. Zu spät. Diese Schulden zahlt niemand mehr zurück. Der Crash ist bereits Programm. Phantasielose Individuen, die nicht weiter wissen, wünschen sich den großen Knall und neigen zum Selbstmord. Nach Selbstüberschätzung und Größenwahn ziehen sie, um der Verantwortung zu entgehen, den Untergang oder die Assimilation ihres Volkes vor.

Ist Putin gleich Biden, dann ist die Pipeline vor Bornholm gleich dem 11. September. Dann gleicht der Opiumanbau unter US-Besatzung in Afghanistan den künftigen Reparationsleistungen Deutschlands an Russland und andere.

Von Eigentum, auch dem geistigen, gelöst, erleben wir eine virtuelle Evolution, den Übergang in eine neue Epoche der Menschheitsgeschichte. Der Algorithmus der Programmiersprache, hineingetrichtert in die Köpfe der Menschen. Normal! Normal. Normal. Normal! Eine „anerzogenen Dummheit" (*Alexander Mitscherlich*) macht sich breit.

Die Künstliche Intelligenz kann unser Ende sein. Vertrauen entwickelt sich nicht mehr aus Vertrautheit und lebendiger Zuneigung, sondern wechselt zunehmend in flüchtiges

Vertrauen und Spekulation. Softwaresysteme können keine Verantwortung übernehmen. Ihnen fehlt die Vernunft. Ohne Vertrauen ist zwischenmenschliches Leben nicht möglich. Wir nehmen bereits die Folgen wahr. Die Dummheit grassiert.

Viele werden nicht einmal beim Verlassen ihrer Hülle spüren, was ihnen im Leben fehlte. Sie funktionierten.

Noch gewinnt die Wahl, wer uns die Wahrheit erspart. Bereits diese angenehme Tatsache müsste uns die Rundfunk- und Fernsehgebühr wert sein. Denn ohne unsere Medien müssten wir in die Glaskugel schauen und wären schockiert.

Noch versuchen wir unsere Zukunft auf einer pietätsbelasteten Fläche zu bauen. Wenn wir so weiter machen, steht die Welt nicht mehr lange. „Halte die Ordnung und die Ordnung wird dich halten!", es war einmal.

Mit dem Entzug unserer Souveränität stellten unsere Regierungen die Weichen für einen amerikanisch geprägten Kapitalismus. Nun da die Zwänge zur Globalisierung greifen können, wendet sich der Krieg gegen uns selbst. Die Regierung möchte die Wertschöpfung erheblich steigern, indem wir pragmatischer vorgehen, kräftig digitalisieren, Konteninterna, Gesundheits – und andere Daten für die Industrie freigeben, um konkurrenzfähiger und attraktiver zu werden. Die Bedürfnisse der Menschen stehen nicht mehr im Mittelpunkt, sondern das „Ich", der Geist und der Körper, verschmelzen mit der Wertschöpfungskette der Profiteure. Wir müssen pragmatisch nach dem Nutzen für uns selbst fragen, nicht nach dem Nutzen der Investoren und das noch bevor die Schuldenbremse reformiert oder lebensnotwenige und verdiente Sozialleistungen gekürzt werden. Wenn Dumme zu Geld kommen, wird es gefährlich.

Amerika sind die Ideen ausgegangen, die größten Krisen gehen vom sogenannten Land der Freiheit aus, sie zetteln Kriege an oder führen sie selbst. Die Marke Amerika schwächelt! Und wir? Wir tümpeln hinterher, machen die gleichen Fehler, ruinieren unser Ansehen, schaffen das Verwaltungsmonster Europäische Kommission, schaffen zusätzliche Verwaltungen im eigenen Land und verfeuern das Eigentum der Steuerzahler, ihre Renten, ihre Werte. Die „Reformen", dieses „big government", eine Art Planwirtschaft in den USA legt unsere Wirtschaft lahm. Die Globalisierung macht es möglich, das nicht der stärkere und Hauptschuldige, die USA die Zeche der Finanzkrise zahlen, sondern Europa. Wir sind wieder Kriegsschauplatz.

Die Transformation in eine regelbasierte - und KI- gestützte Werte – Ordnung, als Teil der USA, wie sich einflussreiche Transatlantiker wünschen, wäre ein Albtraum unter militärischen Besatzung.

Für wie dumm halten sie uns eigentlich? Oder sind wir es? Sind wir dümmer als die Nacht finster ist? Kann ja sein.

Ist es unser Mangel an Vorstellungskraft, der uns Zufriedenheit spendet? Dumme, sagt man, verfügen nicht über die Fantasie, die Folgen ihrer Taten zu erahnen.

Dumme fühlen sich in ihrer Freiheit wohl.

„Nach dem Sinn des Lebens wird er" (der Dumme) „sich sowieso nicht fragen: Seine Handlungen erhalten in der Erfüllung seiner Komfortgelüste einen unmittelbaren Sinn, und der genügt ihm. Das Religionsbedürfnis des Intelligenten ist ihm also fremd. Sollte es trotzdem einmal auftreten, befriedigt er es umgehend an sich selber: Es liegt im Charakter des Dummen, dass er imstande ist, die eigene Person hemmungslos zu bewundern. Notfalls ist er sein eigenes Idol".[1]

Auf dem Höhepunkt dieser Politik, führen, so betrachtet, dumme Menschen, ohne notwenige Qualifikation und Erfahrung, Befehle aus. Sie funktionieren. Ihnen fehlt es nicht an Wissen und der Fähigkeit etwas auswendig zu lernen oder vom Blatt abzulesen, immer wieder mal den Kopf bedeutungsvoll zu heben um dabei grinsend ihren Mangel an

---

[1] *Esther Vilar in „Der betörende Glanz der Dummheit")*

Fantasie und Einfühlungsvermögen zu überspielen, nein es fehlt ihnen einfach an Intelligenz! Sie sind der geborene Untertan ohne Verantwortungsgefühl und Empathie für das eigene Volk. Sie beschimpfen es sogar.

Sie versuchen Probleme unter Ausschluss von Tatsachen und Fakten zu lösen. Sie lösen nicht das Problem, sie legen es beiseite und leugnen seine Existenz. Sie inszenieren Probleme, für die sie die Lösung auf ihrer Karteikarte haben. „Die Sache Läuft!" Die Transformation aus ökonomischen Zwängen heraus, wird nicht nur bei jungen Menschen zu geringem Selbstwertgefühl, zu Anomalien bei Ernährung und zwischenmenschlichen Beziehungen, Körperunzufriedenheit und Depression führen.

Yuval Harari, ein israelischer Historiker sagt, das menschliche Gefühl, nicht gebraucht zu werden, sei noch schwieriger als das Gefühl, unterdrückt oder ausgebeutet zu werden. Das Zerstörungspotential der Künstlichen Intelligenz wird selbst von ihren Entwicklern mit der einer Atombombe verglichen. Und trotzdem, unseren Politikern scheint dies egal zu sein. Machtgierige konkurrierende Politikgestalten werden sogar zu Freunden. Praxisfremde Bürokraten setzen ihre Pläne um. Vater, vergib ihnen, denn sie wissen nicht, was sie tun.

Es sind bezahlte Partei – Soldaten, Söldner, für die das Schicksal nichts Vernünftiges bereithielt. Ausgerechnet sie unterstellen dem Widerstand Bildungsferne. Beinahe könnte man an der Schuldfähigkeit dieser beschränkten Individuen zweifeln. „Wo kein Vorstellungsvermögen existiert, kann es auch keine Verantwortung geben. Wo keine Sensibilität ist, ist auch kein Schuldbewusstsein. Je weniger Fantasie einer hat, desto schwerer kann er ja ihren Mangel erkennen." [1]

Der Zauber der Dummheit legt sich über das Land.

Sie bauen eine Verdummungsbarriere nach der anderen auf, an der sich die Massen aufgeilen und reiben. Sie tun es, um hochgradig human zu erscheinen und einen Nebelschleier über ihre kriminellen Machenschaften zu legen.

Das Schicksal unseres Landes liegt in den Händen zeitgemäßer Dummheit! Politiker beglücken uns mit Dummheit, in der wir uns suhlen sollen. Die alternativen Medien quillen über. Die Menschen rocken ihre Chats.

Es nehme mir niemand übel. Unsere Art von Freiheit macht dumm. Friedrich Schiller, soll gesagt haben, dass Demokratie etwas für Dumme ist. Dem kann ich nur beipflichten. Seitdem die Parteien sich des Staates bemächtigt haben, ist das so. Die Parteien entmachteten den Staat. So gesehen ist es fast wie im Sozialismus, aber eben nur fast.

Wird die gesetzlich garantierte Daseinsvorsorge, unsere europäische Gemeinwohlorientierung auf dem Opfertisch amerikanischer Hegemonie ausbluten? Unsere Vorfahren drehen sich im Grabe!

Wir brauchen weniger staatliche Garantien und Rahmenbedingungen für utopische Spinnereien. Das ist Sache der Privatwirtschaft und des Marktes. Was wir brauchen, sind mehr Rahmenbedingungen für Freiheit und Menschlichkeit. *Wir benötigen eine Reform unseres Belohnungssystems.* Dieses System ist abgestürzt.

Wir müssen uns die große Aufgabe stellen, aus dem Reiz-Reaktions-Schema: Geld = Dopaminausstoß = Glücksgefühl auszusteigen. Dieses Framing hat uns zudem werden lassen, was wir sind. Der Schaden überwiegt. Die Welt wird von Tag zu Tag dümmer und unsere Informanten verbreiten diese zum Himmel schreienden Dummheiten. Dummheit hat nun Stil und Faulheit setzt Glückshormone frei. Logisch, dass die akademische Welt auf mehr Verwaltungsstellen, digitale Beherrschung der Untertanen und auf Transformation setzt. Abstand und Verhinderung von sozialer Nähe sind Programm unserer Entmenschlichung zum ökonomischen Vorteil. Die akademische Welt erfreut sich einer wachsenden Begeisterung für eine Welt, in der der Mensch in einem digitalen Netz eingesponnen funktioniert. Die Transformation vom freien, selbstbestimmten Bürger zum Untertanen versetzt uns in obrigkeitsstaatliche Zeiten zurück. Die akademische Welt wird aber selbst den größten Schaden nehmen. Sie schafft sich ab. Wir werden es auf die harte Tour herausfinden.

Wählen Sie doch bitte jene, welche die Systemfrage stellen!

Die Regionen der Erde müssen gleichmäßig entwickelt werden, damit wir uns nicht mehr die Schädel einschlagen. Und es gibt Regionen, in denen die Menschen nicht so leben wollen wie wir! Allein wenn wir das akzeptieren, würden wir der Natur, diesen Menschen und uns einen riesigen Gefallen tun. Wir brauchen ein Miteinander. Wir brauchen Intelligenz.